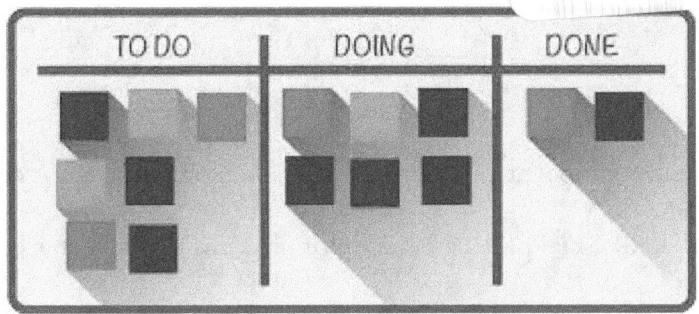

KANBAN

Guía Ágil Paso a Paso Diseñada Para Ayudar a los Equipos a Trabajar Juntos de Manera Más Eficiente

(Kanban in Spanish/ Kanban en Español)

© Copyright 2017- Todos los derechos Reservados.

Si quisieras compartir este libro con otra persona, por favor compra una copia adicional para cada receptor. Gracias por respetar el arduo trabajo de este autor. De lo contrario, la transmisión, duplicación o reproducción de la siguiente obra incluyendo información específica será considerada un acto ilegal sin importar si se hace electrónicamente o por impreso. Esto se extiende a crear una copia secundaria o terciaria de la obra o una copia grabada, y sólo se permite bajo consentimiento expreso por escrito del publicador. Todo derecho adicional reservado.

TABLA DE CONTENIDOS

INTRODUCCIÓN 5

CAPÍTULO 1 9

¿ESTÁ MUERTO KANBAN? 9

CAPÍTULO 2 19

¿SISTEMA KANBAN PARA MANUFACTURA ESBELTA? .. 19

CAPÍTULO 3 27

¿POR QUÉ USAR UN SISTEMA KANBAN? 27

CAPÍTULO 4 32

¿CÓMO MEJORAR EL FLUJO DE TRABAJO DEL ESPACIO LABORAL CON EL MÉTODO KANBAN? 32

CAPÍTULO 5 38

KANBAN APLICADO AL DESARROLLO DE SOFTWARE . 38

CAPÍTULO 6 48

USANDO ÁGIL (KANBAN) PARA DESARROLLAR MEJOR SOFTWARE Y REDUCIR LOS RIESGOS 48

CAPÍTULO 7 58

KANBAN VS PAR: ¿CÓMO GESTIONAR EL USO VARIABLE? 58

CAPÍTULO 8 63

VENTAJAS DEL MÉTODO KANBAN SOBRE EL SISTEMA DE NIVEL PAR EN EL SISTEMA DE SALUD 63

CAPÍTULO 9 66

IMPLEMENTANDO KANBAN 66

CAPÍTULO 10 73

IMPLEMENTAR TABLEROS DIGITALES DE KANBAN PUEDE AYUDAR AL PROCESO DE PRODUCCIÓN 73

CAPÍTULO 11 76

CREANDO TU PROPIO TABLERO DE KANBAN ONLINE 76

CONCLUSIÓN 78

INTRODUCCIÓN

El método Kanban fue formulado por David J. Anderson como un enfoque para el proceso evolucionario e incremental, y cambios de sistema para organizaciones. Usa un sistema "pull" ("pull" podría traducirse como jalar) de trabajo en progreso limitado como el núcleo del mecanismo para exponer los problemas de operación del sistema y estimular la colaboración para mejorar continuamente el sistema. Un ejemplo de tal sistema "pull" es un sistema Kanban, y es por esta popular forma sistema "pull" de trabajo en progreso limitado que el método es llamado.

EL MÉTODO KANBAN ESTÁ BASADO EN CUATRO PRINCIPIOS BÁSICOS:

1.   El método Kanban empieza con los roles y procesos que tengas y estimula cambios continuos, evolucionarios e incrementales a tu sistema.

2.   La organización (o equipo) debe acordar que el cambio continuo, incremental y evolucionario es la manera de hacer mejoras al sistema y fijarlas. Los cambios radicales pueden parecer más efectivos ,pero tienen mayor tasa de fallo debido a la resistencia y al miedo en la

organización. El método Kanban estimula los cambios pequeños continuos, incrementales y evolucionarios en tu sistema actual.

3. Tenemos que facilitar el cambio futuro al acordar respetar los roles, responsabilidades y títulos de trabajo actuales, así eliminamos los temores iniciales. Esto debería permitirnos ganar un apoyo más amplio para nuestra iniciativa Kanban.

4. Actos de liderazgo en todos los niveles de la organización, desde contribuyentes individuales hasta la gerencia superior deberían ser alentados.

LAS PRÁCTICAS CENTRALES DE KANBAN

David Anderson visualizó cinco propiedades principales que han sido observadas encada implementación exitosa del método Kanban. Después son re-etiquetadas como prácticas y extendidas con la añadidura de una sexta.

1. VISUALIZAR

Visualizar el flujo de trabajo y hacerlo visible es el centro para entender cómo procede el trabajo. Sin entender el flujo de trabajo, hacer los cambios correctos es más difícil. Una forma común de visualizar el flujo de trabajo es usar un tablero con filas y columnas. Las columnas representan distintos estados o pasos en el flujo de trabajo, mientras que las filas horizontales pueden indicar diferentes proyectos, departamentos, personas o prioridad.

2. LIMITAR EL TRABAJO EN PROGRESO

Limitar el trabajo en progreso implica que un sistema "pull" es implementado en partes o en todo el flujo de trabajo. El sistema "pull" actuará como uno de los estímulos principales para cambios en tu sistema.

3. GESTIONAR EL FLUJO DE TRABAJO

El flujo de trabajo debería monitorearse, medirse y reportarse a lo largo de cada etapa del flujo de trabajo. Al gestionar activamente el flujo de cambios continuos, incrementales y evolucionarios al sistema, se puede evaluar si tienen efectos negativos o positivos en el sistema.

4. HACER POLÍTICAS DE PROCESO EXPLÍCITAS

Fija tus propias reglas y las pautas de tu trabajo. Entiende tus necesidades y asegúrate de que todos sigan estas reglas. Las políticas definirán cuándo y por qué un ticket es movido de una columna a otra. Cambia las reglas cuando las variables de trabajo cambien.

5. USA MODELOS PARA RECONOCER OPORTUNIDADES DE MEJORA

Cuando los equipos tienen un entendimiento compartido de teorías acerca del trabajo, el flujo de trabajo, los procesos, y riesgos, tienden a ser más capaces de crear una comprensión compartida de un problema y sugerir acciones de mejora que pueden ser acordadas por consenso.

LA IMPLEMENTACIÓN DEL MÉTODO KANBAN

Algunos practicantes han implementado Kanban físico, usando clips adheribles, notas, o ranuras físicas en un tablero. Han emergido nuevas tendencias, haciendo más frecuente para los equipos usar software especial de gestión digital de flujo de trabajo tales como Kanban Tool.

CAPÍTULO 1

¿ESTÁ MUERTO KANBAN?

No, Kanban no está muerto. Sin embargo, ha habido un cambio enorme en la manera en que la comunidad Lean ("esbelta) piensa acerca de Kanban, y hay una apertura creciente a otras opciones de entrega de material.

Kaban es una palabra japonesa para cartel, cartelera o de manera más general "señal". En manufactura, la palabra se usa para referirse a un método de entrega de material que repone el material en base a una seña, usualmente una tarjeta, papelera vacía o un espacio vacío. La belleza del método Kanban es que el material es entregado en base a la necesidad actual, y al hecho de que el material previo ya ha sido consumido. Esto permite a las plantas controlar el inventario fuertemente, lograr un alto nivel de rotación de inventarios, y virtualmente eliminar carencias. La Metodología Esbelta nos dice que el método de manufactura fue inspirado por supermercados Americanos, donde las pequeñas cantidades de producto son repuestas en base a las ventas reales. Esta noticia no escapó a los ejecutivos visitantes de Toyota en los años 50, y mucho del desarrollo original de Kanban se atribuye a Toyota.

Si empezaste tu viaje esbelto en los 90, Kanban era referido como el método de entrega de material de elección en virtualmente toda situación. Para compañías manufactureras repetitivas (como Toyota) el método funcionó bien. Otras industrias, como la aeroespacial o talleres de máquinas, lucharon con el método y en su lugar usaron sistemas de kitting ("kitting" es la palabra para definir un tipo de sistema en el que el inventario es sacado del almacén y se coloca en carritos para ser llevado a la línea de producción después) y sistemas de lista de materiales para entregar material a sus procesos consumidores. Un consultante esbelto se siente incómodo recomendando el kitting, puesto que parece ser un retroceso hacia un momento pasado e ineficiente. La forma de pensar ha empezado a cambiar, sin embargo, inclusive para compañías como Toyota.

Ten en mente que todo manejo de material es mugre o desperdicio. No hay tal cosa como un manejo de material que añada valor, puesto que el manejo de material en sí no hace avanzar el producto.

Tienes que identificar los métodos más eficientes para este trabajo necesario pero que no añade valor, tanto para los manipuladores de materiales como también para los operadores que están consumiendo el material. Aquí hay cinco condiciones bajo las cuales un sistema Kanban no puede ser el sistema más efectivo para la entrega de material:

1. El material en la línea no está al frente del operador. Si el operador tiene que voltearse o caminar alguna distancia para retirar las partes necesarias que están añadiendo desperdicios a su trabajo.

2. Hay un riesgo de error al seleccionar partes. Nunca es algo bueno seleccionar la parte equivocada, pero si los ítems son indistinguibles al ojo puro, como cuñas de diferentes tamaños, entonces tendrá que introducirse alguna contramedida para evitar seleccionar la parte equivocada. Multiplica estas oportunidades de cometer un error a lo largo de la línea entera y un error es sólo cuestión de tiempo.

3. El takt time es corto. Cuanto más corto es el takt time, mayor el porcentaje de tiempo total consumido al seleccionar partes, inclusive si están ubicadas de manera conveniente.

4. Alta mezcla, Volumen Bajo. Si no estás consumiendo el mismo material de manera consistente, tus papeleras de Kanban permanecerán llenas y sin uso, consumiendo espacio y dinero.

5. Requerimientos de Rastreabilidad. Mientras que es posible mantener mucho control con un sistema Kanban, es más complicado, puesto que mezclar partes sueltas de diferentes lotes en la misma papelera no sería permitido. La documentación también sería necesaria, para registrar el lote usado realmente.

¿Cuáles son las opciones además de Kanban? Hemos sido condicionados como practicantes de la metodología Lean para considerar el kitting como un término sucio, de modo que no podemos usar esa palabra. ¿Qué tal el término "Conjuntos de Kanban" como una frase alternativa? En este método, las partes serían seleccionadas (¡no escogidas!) de acuerdo con la secuencia de productos siendo construidos. Serían entregadas a la línea por medio de un carrito o inclusive un AGV, en pequeñas cantidades en un Bandeja De Conjunto de Kanban. Este método puede ser considero aún un sistema "pull", puesto que la señal para crear un Conjunto de Kanban sería el retorno de una bandeja vacía.

No sería necesario tener un conjunto por producto; las partes podrían seleccionarse en pequeñas cantidades para reducir el número de movimientos y la cantidad de manejo necesario. El material en exceso podría ser ampliamente eliminado, liberando espacio significativo en la línea de producción misma. La celda de conjunto Kanban podría ser ubicada lógicamente para reducir el manejo del material entrante.

Los sistemas Pick To Light, si se desean, podrían ser mucho usados de manera mucho más eficiente, en lugar de usarlos en cada estación de trabajo en línea.

Conclusión: bajo las condiciones correctas, un sistema Kanban es el método de entrega de material de elección. Bajo las condiciones equivocadas, como se listó anteriormente, un sistema Kaban puede ser el mayor contribuyente a la ineficiencia en labor, utilización de espacio, y calidad. Puede haber un Sistema de Conjunto de Kanban en tu futuro.

¿QUÉ ES KANBAN Y QUÉ ES UN SISTEMA KANBAN?

Kanban simplemente se refiere a una cartelera o tablero de tareas o tablero de señales que rastrea el TEP O "Trabajo en Progreso." En manufactura, el concepto de TEP es parte del sistema de valor descrito dentro de las seis "Reglas de Toyota." Una de esas reglas describe mantener el inventario o cantidades en "suficiente" o "Justo a tiempo." A pesar de que Kanban originalmente fue anunciado originalmente para la industria de manufactura, desde 2007 Kanban ha crecido sustancialmente en la industria de desarrollo de software, gracias a una cantidad de líderes de pensamiento incluyendo a Mary Poppendieck, quien popularizó algunos de los componentes principales de la Manufactura Esbelta en sus discursos y escritos. Los líderes de pensamiento de desarrollo de software han afirmado que los desarrolladores de software pueden gestionar la cantidad de trabajo en la que están trabajando- usualmente denotado como especificaciones de requerimiento de la empresa (ERE , o BRS por sus siglas en inglés) o especificaciones de requerimiento de software (ERS o SRS por sus siglas en inglés) o historias de usuarios en cualquier momento dado al implementar un tablero de tareas de Kanban. Los desarrolladores de Software pueden ver y reaccionar ante cuánto trabajo han iniciado, cuánto trabajo tienen en progreso, qué trabajo está impedido actualmente y cuánto trabajo ha sido completado.

El tablero de tareas de Kanban, ya sea electrónico o físico, puede ser instalado no sólo para gestionar este trabajo en progreso, sino también para brindar señales automatizadas a diferentes miembros del equipo. Los equipos también pueden añadir parámetros para rastrear el número de ERE o ERS o historias de usuario que tienen en diferentes ciclos durante un proyecto.

Cualquiera que alguna vez haya estado en un entrenamiento de gestión de proyecto sabe que hay constantemente nuevos e innovadores métodos siendo introducidos para ayudarte a volverte un gestor de proyectos exitosos. Estos a menudo se basan en la investigación dentro del campo, y las observaciones de expertos en el campo de la gestión. Si recientemente has estado en uno de estos cursos de gestión de proyectos, es posible que hayas encontrado el método Kanban.

Un sistema Kanbanes una manera de lograr una producción justo a tiempo. El sistema Kanban se basa en la teoría de que cada producto que está en la línea de producción sólo atrae el tipo y número de componentes que requiere el proceso, en momento adecuado. El mecanismo que se usa en este proceso es la tarjeta Kanban, la cual es una tarjeta física, y los dos tipos que son principalmente usados incluyen un Kanban de retiro y un Kaban de ordenamiento de producción.

Uno de los mayores beneficios de usar este sistema es que pone límites en la acumulación del inventario. Básicamente actúa como un límite y cuando está lleno, no se pueden hacer o mover productos adicionales a otra ubicación. Los beneficios generales de poner límites a un inventario son los siguientes:

- Menos fondos están atados

- Menos manejo

- Menos espacio necesario

- Surge menos daño por el manejo

Otro beneficio de tener menos inventarios es que la cantidad de remodelación necesaria en caso de un defecto y la cantidad de chatarra es altamente reducida. Puesto que menos inventarios se relacionan directamente con un tiempo de ensamblaje menor, la cantidad de tiempo entre la creación de un defecto y su descubrimiento se acorta también.

¿CUÁNDO ES EFECTIVO KANBAN?

Se usa para simplificar la planificación y ayudar a satisfacer las demandas del cliente. Los horarios de planificación planeada son requeridos, de modo que la flexibilidad diaria se simplifica. Se pueden remover las cartas o una cantidad de partes de la plataforma de carga puede usarse para intensificar el sistema Kanban. Esto ayudará a acelerar el flujo de los procesos y reducir el tiempo de ensamblaje, añadiéndose a la efectividad del sistema Kanban.

ENTENDIENDO LOS TIPOS DE SISTEMAS KANBAN

Kanban es un sistema de planificación que define a la personas lo que deberían producir, el tiempo que les debería tomar producirlo y cómo hacer el proceso. Cuando se traduce del Japonés, la palabra significa cartelera o señal, como se dijo anteriormente. Generalmente este es un concepto que está relacionado con la producción justo a tiempo así como también con la manufactura Esbelta (Lean Manuacturing en inglés). El desarrollador del concepto JIT llamado Taiichi Ohno dijo que para lograr JIT, hay una necesidad de implementar el sistema kanban. En el presente, hay dos tipos populares de sistemas Kanban, pero en realidad, hay seis principales. Aprender acerca de ellos te permitirá entender y descubrir lo que necesitas diseñar, implementar, escoger y operar.

La entrada o salida controla a Kanban, el cual tiene dos variantes. Esto también se conoce como el ConTep (ConWip en inglés) que significa trabajo constante en progreso. Este es un tipo de sistema Kanban que impone control en la entrada/salida. La señal aquí viaja directamente empezando desde el final de la línea hasta la siguiente sección. Aquí es dónde la cadena de suministros es considerada como una unidad en lugar de tomarla como una serie de operaciones conectadas. Por supuesto, hay algunas condiciones especiales que se requieren en la operación de un sistema para que evite problemas ocultos respecto a la capacidad. La falla aquí es que las consideraciones no son tan vívidas y visibles en el uso de este método.

El siguiente es el acumulador Kanban, en el cual se les permite a las señales acumularse en el centro de trabajo en anticipación al tamaño del procesamiento de la producción.

Por ende, esto significa que los buffers pueden ser agotados o usados completamente en la condición de reglas de acumulación. Puesto que los buffers se usan, es posible acomodar mezclas ligeramente más altas. entonces, tenemos un sistema de tarjetas dual, el cual viene en dos variantes también. Esto fue usado por primera vez por Toyota y desde entonces, se aprendió que hay dos metodologías involucradas aquí. La primera trata acerca de la separación de la señal repuesta desde el sistema Kanban y la señal "producida" desde el sistema de planificación de la organización. La otra variante es la segunda tarjeta que está luego del proceso de autorización. Esto es resultado de las solicitudes de reposición.

Otro tipo es el sistema de cantidad variable o frecuencia fijada. Este es ideal para aquellas situaciones en las que se prefiere reponer los ítems que han sido usados a lo largo de colecciones de frecuencia arregladas o entregas en lugar de responder a las solicitudes de reposición en base a cantidades fijadas. El último trata del sistema polca, el cual sólo es aplicable para situaciones de ruta variable y de mezcla alta. También se conoce como la manufactura de respuesta rápida.

Con el sistema Kanban, obtienes ventajas tales como la existencia fija, los problemas de calidad son visibles y es un sistema altamente estable para planificar. Siendo tan ventajoso, hay una necesidad de diseñar y gestionar el sistema Kanban correctamente para evitar las desventajas.

CAPÍTULO 2

¿SISTEMA KANBAN PARA MANUFACTURA ESBELTA?

El sistema Kanban es conocido a nivel mundial en el mundo empresarial; con su especialidad, originalidad, y comodidad al trabajar, el sistema Kaban ha introducido al mundo en una nueva generación de condiciones laborales, planificación, gerencia, y otras áreas y temas de negocios. Gracias a su silueta estructurada, el sistema Kanban ha promovido y llevado a miles de empresas hasta la élite mundial, las empresas más exitosas. Con el sistema Kaban, el tiempo ya no se desperdicia, el dinero ya no es escaso, los clientes ya no preguntarán, y la calidad nunca será cuestionada tampoco.

El sistema Kanban, como se sabe, usa tarjetas que tienen varios significados y sirven como representaciones para retiro, depósito, y otras señales las cuales desarrollan y practican un flujo de negocios más uniforme en la línea de producción. En una situación real, usar señales y símbolos en el sistema enviará una conexión o mensaje al equipo de manufactura. El sistema Kanban está desarrollado y diseñado con la intención de brindar una respuesta rápida entre el elaborador y la entrega, de modo que el sistema pueda usarse en situaciones reales y que no se desperdicie mucho tiempo.

MANERAS DE USAR EL SISTEMA KANBAN

De hecho, hay muchas maneras de usar el sistema Kanban sabiamente. El sistema mismo tiene muchas formas de usar las señales que mejorarán la productividad y harán fluir las cosas de manera más fácil en un sistema. Sin embargo, diferentes sistemas/señales son usados en diferentes situaciones. Por ejemplo, una compañía que trate con conexiones de redes y sistemas de Wi-Fi quiere entregar sus cables portables a otra compañía dónde la fecha de entrega es el día siguiente; la compañía, por supuesto, tiene que usar un Kanban electrónico para entregar la información rápida y directamente al equipo de manufactura.

Señales de Kanban:

1. Tarjeta Kanban

2. Look-see

3. Correos electrónicos

4. Kanban Electrónico

La tarjeta Kanban se usa principalmente para situaciones estándar, como mover ítems de un lugar a otro. Suponga que un gerente obtiene feedback acerca de que los productos entregados fueron dañados y arruinados; para resolver el problema, la compañía tiene que usar la tarjeta Kanban para señalar al equipo de manufactura y al equipo de relación con el cliente para tratar con el problema. La señal Look-see simplifica para todos los equipos, debido a que la situación en la que todos están revela lo que pasa a su alrededor. Si hay necesidad de algo como una entrega, retiro, o reembolso, todos los equipos lo verán y serán capaces de actuar rápidamente. Los correos electrónicos se consideran modernos y electrónicos; es un sistema de comunicación que involucra tecnología y redes computacionales. Los correos electrónicos permiten la entrega rápida de los mensajes que pueden poner en contacto a todos los equipos para saber lo que está pasando. La transmisión de información, mensajes, y respuestas puede ser realmente rápida y conveniente. El Kanban Electrónico funciona muy similar a los emails, pero la manera en que los mensajes están siendo transmitidos podría funcionar de manera diferente. El Kanban electrónico permite una rápida respuesta y envío de mensajes también; la señal de Kanban electrónico sin embargo, usa tecnología y herramientas que son más complejas de lo normal; herramientas como computadoras, una pantalla, cámara de video, o una cámara online son las herramientas probables usadas en señales electrónicas de Kanban.

LO QUE NECESITA EL SISTEMA KANBAN

Puesto que todos sabemos que el sistema Kanban es uno de los conceptos de gestión de Toyota al leer los párrafos anteriores, las señales y tarjetas de Kanban son factores muy importantes para todo el sistema, el cual necesita respuestas rápidas así como también la transmisión de mensajes, siguiendo el concepto de justo a tiempo. Es muy importante tener en mente que los productos, repuestos, y otras cosas que se necesitan para producir productos específicos, siempre se necesitan en reserva (sólo en una cantidad moderada) de modo que el sistema fluirá correctamente. Cuando las señales de Kanban son usadas, es necesario que todos los equipos estén preparados y observen las señales cuidadosamente para ver qué es lo siguiente que hay que hacer y seguir, de modo que los productos sean producidos con alta calidad y que sigan las órdenes.

Sin la tarjeta Kanban, el sistema no funcionaría eficientemente. El sistema bien podría funcionar, pero no de una manera Kanban. Las tarjetas Kanban son similares a facturas y papel moneda que los clientes intercambian con productos y bienes, una vez que los productos son terminados y producidos. En el sistema Kanban, es bastante considerado conocer bien acerca de las relaciones entre todos los equipos dentro de la línea de producción. El equipo de producción es el cliente del equipo del inventario, mientras que el equipo del inventario es el cliente del equipo de manufactura. Es sano para todas las empresas echar un vistazo profundo y observar cuidadosamente estas relaciones para entender más acerca de las debilidades y fortalezas de cada equipo, de modo que se puedan hacer más mejoras.

¿QUÉ INFORMACIÓN DEBERÍA TENER UNA TARJETA KANBAN?

1. Nombre de la materia prima usada

2. Nombre del manufacturero (esta información se necesita para brindar defensas a las compañías cuando muchos manufactureros pueden producir cantidades de materia prima)

3. El número de productos hechos (es una representación para el dinero)

4. El número serial de la tarjeta (necesario para el contacto)

5. La cantidad de tarjetas (cuando una tarjeta Kanban está extraviada, es riesgosos y los productos no serán recibidos o hechos)

TIPOS DE TARJETAS KANBAN

1. Tarjeta de Orden de Producción

2. Tarjeta de Retiro

3. Contenedor

LAS REGLAS Y REGULACIONES INCLUYEN:

1. Dentro de cada contenedor debe siempre haber una tarjeta

2. Si no hay aprobación en la tarjeta de retiro, entonces es imposible transferir productos

3. El contenedor debe contener la información adecuada de los productos con alta calidad solamente

4. Sólo partes o componentes de alta calidad para elaborar productos específicos son usados en la línea de producción

5. La cantidad total de productos producidos no debería ser mayor que la cantidad estipulada en la tarjeta

OTROS SÍMBOLOS:

Un contenedor es principalmente una señal en el sistema para mostrar que la productividad es necesaria una vez que está vacío. En una situación sin contenedor, el contenedor no será usado; en su lugar, los espacios y áreas vacías señalarán la necesidad de productividad, la cual luego actuará como una tarjeta Kanban.

SISTEMAS KANBAN; EL MOTOR DE LOS SISTEMAS DE PRODUCCIÓN

Los sistemas Kanban usan ayudas visuales para indicar cuando un proceso en la línea de producción ha sido completado o necesita más materiales o tiempo. Los sistemas de atracción de producción se basan en las demandas del cliente y hacerlo bien significa que una compañía está en el camino de volverse "esbelta".

Los sistemas de atracción pueden reducir los tiempos y costos de producción dentro de la producción, pero la empresa tiene que analizar si un sistema Kanban funcionará para ellos. Áreas tales como los tiempos de producción, la habilidad accionista y el tipo de producto tienen que ser abordados antes de que cualquier sistema Kanban pueda ser implementado.

Los tipos de sistemas Kanban pueden estar basados en producción, es decir, en comprar nuevas partes o materiales, o kanban de transporte, o llevar partes de un área de trabajo y transportarlas a otra área de trabajo. Así como también usar tarjetas de organización que puedan usar el software MRP o etiquetas básicas para indicar cuando haya una necesidad.

Para que las compañías implementen de manera exitosa los sistemas de atracción, tienes que ver tu fuerza de trabajo. Cualquier procedimiento nuevo necesita una fuerza motriz tras de él, desde la gerencia superior hasta el piso de la tienda. La empresa tiene que analizar si tiene a las personas correctas en los roles correctos y tener claro el mensaje inicial acerca de la dirección de la compañía es crucial. Necesitan procesos estructurados en el lugar, los cuales pueden adaptarse rápidamente a los cambios del mercado o las demandas del cliente, y por ende, ajusta los sistemas de atracción de manera acorde.

Los niveles de buffer tienen que ser gestionados y analizados continuamente, de modo que haya mínimo retraso para el cliente. El tamaño de tus lotes también debe considerarse, puesto que nunca debería ser fijado muy alto, pues causará un cuello de botella.

En general, es evidente que un sistema Kanban es un sistema "pull", puesto coloca partes de una etapa de la producción en otra. Áreas tales como el pronóstico, la zona de buffer, el ciclo de tiempo, y el tamaño de lote tienen que ser analizadas y luego eres capaz de ajustar los sistemas kanban de manera acorde. Cuando las compañías implementen los sistemas Kanban correctamente, mejorarán la producción y el flujo de inventario, eliminarán el tiempo de espera y el desperdicio. Este es el camino para volverse una organización esbelta.

CAPÍTULO 3

¿POR QUÉ USAR UN SISTEMA KANBAN?

KANBAN EN LOS PRINCIPIOS ESBELTOS EN HOSPITALES

¿CÓMO EMPEZAR?

Lo primero que necesitas es un mapa de implementación junto con la decisión acerca de dónde introducir Kanban primero, de modo que tengas una buena impresión. Así como también un gran impacto psicológico en el personal. Tu mapa debería seguir los pasos detallados a continuación:

1. Documenta tu estrategia de suministro actual. Haz un análisis formal de los métodos actuales de gestión de suministros, parámetros, y tasa de referencia. Usarás estos datos después para comparar contra el nuevo sistema. Asegúrate de capturar los dólares del inventario y la rotación de inventario.

2. Selecciona el área objetivo. Recomendamos que empieces donde puedas obtener el máximo de una implementación pequeña. No te vuelvas Don Quijote y vayas por los suministros de un hospital

entero en un proyecto. Aquí está mi recomendación: empieza con los gabinetes en las suites de escritorio. Esto contará por menos de 100 ítems, y hará que el personal de la organización esté eternamente agradecido por aliviar este dolor.

3.   Identifica los suministros. Desarrolla una lista exhaustiva de todos los suministros en los gabinetes y cajones. Obtener la entrada del personal en este paso es clave para tu éxito y resultados sustentados.

4.   Reúne datos de cálculo. Para cada suministro, será necesario obtener números de pieza, descripciones, descripciones alternas, información de uso y ubicación.

5.   Configura la base de datos de Kanban. Se prefiere que uses tu sistema de materiales existente. Si esto no es posible, tendrás que tener un depósito central de datos para la información de Kanban. Una hoja de cálculo de Excel es tu mejor apuesta.

6.   Realiza los cálculos iniciales. Los cálculos son bastante sencillos. Establece cuántos días de inventario quieres para soportar esto, y establece esa cantidad para cada ítem.

Desde la fijación inicial de tamaño de Kanban, determina cuáles ítems requerirán el método de Mutli-Tarjetas, de Una sola Tarjeta, o de Entrega Secuenciada. Codifica estos ítems en el archivo de Base de Datos de Kanban.

7.   Desarrolla un plan para cada parte. Tendrá que añadirse un perfil completo para cada ítem, incluyendo el tamaño de contenedor,

estrategia de cadena de suministros, tamaño y tipo de etiqueta, y plan de manejo de suministros.

8. Realiza una revisión de Comisión Conjunta y Control de Infección. Antes de hacer cualquier cambio físico, emplea al equipo de Control de Infección para asegurar que todos los cambios propuestos estén acordes con las regulaciones, políticas y procedimientos internos, y las mejores prácticas.

9. Evalúa el impacto del sistema. Asegúrate de que el amplio manual del método Kanban sea integrado con un código de barras, lectores RFID, y sistemas de inventario electrónicos, para la precisión de inventario, rastreabilidad, compra, y transacciones de facturación.

10. Despliega el sistema Kanban. No subestimes la cantidad de trabajo requerido para colocar físicamente los contenedores y estanterías para las áreas de línea, supermercado y almacén. Registra tu tiempo y ve cuánto toma configurar una papelera Kanban completa, digamos 3 minutos. Piensa en los 100 ítems que mencionamos antes y multiplica ahora por 2 papeleras y 3 minutos. ¡Eso es 600 minutos por suite! Para ser justos, se volverá más fácil a medida que tengas más práctica. También es muy importante identificar todos los roles en el nuevo sistema y asignar esos roles a individuos o funciones.

11. Realiza el entrenamiento. Nadie nació sabiendo de Kanban, así que debes entrenar a tu personal. Deberías enfocarte en dos tipos de entrenamiento: el entrenamiento para usuarios y el entrenamiento para manipuladores de materiales.

12. Emplea Kaizen al sistema Kanban. Una vez en su lugar, el sistema Kanban está listo para una revisión de mejora de desempeño de procesos. Realiza un recorrido exhaustivo y solicita entradas e ideas de los manipuladores de materiales y operadores.

13. Evalúa al registro de precisión del inventario. La meta de precisión de inventario en un ambiente Esbelto es 98% o mejor. El sistema Kanban debería ser una ayuda para lograr esto.

14. Documenta y replica. Luego de que estés satisfecho con el sistema Kanban, asegúrate de que documentas todos los pasos que seguiste a lo largo del camino, de modo que puedas replicar el sistema en la siguiente área. Desde este punto en adelante, pasa deliberadamente a tener todos los ítems comunes bajo el control de Kanban.

15. Realiza Mantenimiento Kanban. Los cambios son continuos, incluyendo la introducción de nuevos ítems, mejoras de productos, y cambios en los proveedores. Dependiendo de la volatilidad del cambio, la gestión del sistema Kanban es una responsabilidad diaria o semanal.

16. Involucra a los Proveedores. Antes de volcar nuestra atención a los proveedores externos, asegúrate de que el sistema Kanban esté funcionando bien internamente.

Estos puntos te harán empezar y mover hacia la dirección correcta. Pon al personal de tulado y luego implementa Kanban en el

Departamento Perioperativo primero, y luego impleméntalo en todo el hospital.

CAPÍTULO 4

¿CÓMO MEJORAR EL FLUJO DE TRABAJO DEL ESPACIO LABORAL CON EL MÉTODO KANBAN?

La función principal de Kanban es la eliminación efectiva de la sobreproducción. Por lo tanto, Kanban básicamente es un medio de tomar control de todos los pasos de la producción al indicar todas las necesidades de cada aspecto de producción. Esto ayuda a mantener un flujo de producción uniforme, permitiendo al proceso continuar efectivamente.

De acuerdo a David Anderson, autor de Kanban- es el Cambio Evolucionario Exitoso para empresa de tecnología, Kanban tiene cinco propiedades principales. Primero, hace el flujo de trabajo visual, puesto que Kanban literalmente traduce a un " letrero", el sistema identifica y hace visible el flujo de trabajo al indicar todos los procesos y necesidades en tiempo real de estos procesos. Esto permite al gerente del proyecto ver inmediatamente cuándo se ha hecho una orden y la producción debería empezar, y si todos los pasos de la producción están despejados y listos, permitiéndoles abordar las necesidades inmediatamente.

Segundo, limita el trabajo en progreso o TEP. Kanban es un elemento clave del proceso de un sistema "pull". Los sistema "pull" denotan que la producción sólo se pone en marcha cuando hay una demanda u orden. Este sistema elimina los desperdicios y sólo requiere la energía y materia prima necesarios para un cierto proyecto u orden.

Tercero, gestiona el flujo. Asegura que el flujo de trabajo a través de cada etapa y aspecto del flujo sea monitoreado, medido y registrado. Luego permite a la gerencia identificar de manera efectiva las mejoras futuras y desarrollar continuamente el sistema. Cuarto, hace explícitas las políticas de procesos. La visibilidad obtenida por medio de Kanban permite a los gerentes y empelados discutir nuevas políticas explícitas, permitiéndole entender más a profundidad y hacer mejores a través de un enfoque más racional, puesto que todas las bases son puestas en un registro.

Finalmente, permite la mejora colaborativa. Kanban fomenta el Kaizen o la práctica de identificar y aplicar mejoras pequeñas pero tangibles, que resultan en cambios evolucionarios. Estas propiedades son el resultado de la implementación efectiva. La implementación efectiva, por otro lado, puede ser lograda inicialmente a través del entrenamiento. El entrenamiento típicamente es realizado a través del uso de una presentación de Kanban.

La presentación de Kanban típicamente brinda una explicación general de los principios y conceptos de Kanban, incluyendo una discusión de la diference entre sistemas "Pull" y sistemas "Push" (de "impulsar"), puesto que la metodología Kanban impulsa fuertemente el sistema Pull como logísticamente ideal.

Una presentación de Kanban debería incluir también ejercicios de simulación y un juego para simular la experiencia de implementar Kanban, haciendo entonces experimentar de primera mano a los empleados sin los peligros de los errores reales afectando el piso de producción real.

SIMULACIONES DE KANBAN PARA LA IMPLEMENTACIÓN SENCILLA PARA COMPAÑÍAS MÁS EXITOSAS

Las compañías más exitosas saben que la clave del éxito está en seguir desarrollando, y la mejor manera de hacer esto es aprender a adaptarse rápidamente y desarrollar el deseo continuo de aprendizaje. Además, muchas compañías hoy en día creen que las mejores prácticas a adaptar son las prácticas organizacionales Esbeltas. Además, también creen que la mejor manera de implementar estas prácticas, incluyendo el método Kanban, es por medio del entrenamiento de simulación.

El entrenamiento de simulación, comparado con las prácticas de aprendizaje y enseñanza tradicionales, tales como lecturas, libros, y evaluaciones, son más efectivas principalmente porque requieren que los participantes participen directamente en actividades, aprendiendo entonces por medio de la práctica y familiaridad, siendo capaces por lo tanto de retener y aplicar más luego del entrenamiento.

Las simulaciones son las versiones libres de riesgos de la realidad. Brindan al participante el coraje y la confianza para experimentar y aplicar lo que han aprendido, inclusive con los riegos de cometer un error, sin el miedo real y los resultados del error. Las simulaciones brindan el tipo correcto de práctica para que los empleados entendían los conceptos y procesos más a fondo.

Una simulación de Kanban, por ejemplo, brinda el contexto real y los problemas reales del lugar de trabajo que requieren la implementación apropiada de Kanban. Esto permite al participante tomar decisiones que están directamente relacionadas a cómo deberían actuar en el lugar de trabajo, con la confianza de aprender de los errores posibles sin ningún riesgo involucrado. A través de su propia experiencia en la simulación, el participante luego desarrolla su entendimiento del método Kanban.

A pesar de que los errores de la vida real que involucran el método Kanban pueden poner todo el flujo de trabajo en riesgo, un error de simulación de Kanban enseñaría a los participantes qué no hacer para competer ese error en el piso real. Este tipo de cosas hace el aprendizaje no sólo más emocionante, sino también más fácil de retener.

Por último pero no menos importante, el entrenamiento de simulación, como en un entrenamiento de simulación de Kanban donde los participantes están divididos en equipos, estimulan y desarrollan el trabajo de equipo entre los empleados. Las experiencias les enseñan a relacionarse e involucrarse en discusiones útiles con sus compañeros de equipo cuando se analizan situaciones y se toman decisiones para lograr mejores resultados laborales.

HERRAMIENTAS DE KANBAN PARA PROYECTOS Y PROCESOS

La gestión de procesos y proyectos se han vuelto campos cada vez más importantes en los negocios. Con el advenimiento de nuevas tecnologías y requerimientos de producción en masa, podemos adelantarnos a veces y empezar la producción sin dejar de pensar realmente acerca de los procesos requeridos para seguir. Afortunadamente, podemos usar herramientas de Kanban para ayudarnos con este flujo de trabajo y la planificación del proceso.

Es innecesario decir que con compañías produciendo millones de unidades de materiales, tener este sistema en su lugar es extremadamente importante, y tener una herramienta para gestionar este sistema es inclusive más importante. Estas herramientas pueden enlazarse justo al sistema ERP regular o cualquier otro sistema que use tu compañía, y al hacerlo el sistema es capaz de monitorear activamente dónde estás en tu ciclo de producción.

Todo esto se logra a través del uso de tarjetas de Kanban electrónico y mesas de Kanban, las cuales son accesibles para todos los miembros de tu equipo y para cualquier miembro de la gerencia que necesite saber dónde estás en tu ciclo de producción. Cuando cada indicador de desencadenamiento es tocado, el sistema lo muestra en las mesas de Kanban y sabrás que tienes que empezar la siguiente parte del procesos, bien sea la producción futura, ordenamiento de materiales nuevos, o el movimiento del inventario de un almacén a otro. Las tarjetas que son usadas por este sistema de software pueden ser personalizadas para las necesidades de tu compañía; con varios íconos fáciles de leer y símbolos que te permitan saber qué tarea tendrá que hacer tu equipo después.

El tablero Kanban en sí puede ser integrado con tu sistema de gestión. Este tablero muestra varias columnas de información diferentes e indicadores de cómo están progresando todas las etapas de la producción. Esta presentación colorida y útil también puede ser personalizada para mostrar sólo la información que tu compañía encuentre útil. Cuando los necesites, los reportes visualmente agradables del progreso pueden ser generados y enviados a la gerencia, de modo que puedan entender cómo va tu equipo.

Las herramientas de Kanban pueden ser algunas de las herramientas de software más útiles para un gestor de proyectos, equipos de producción, o la gerencia en general. Toman las técnicas de manufactura Esbelta que han sido probadas durante décadas y las colocan en una presentación sencilla, útil y visualmente agradable.

CAPÍTULO 5

KANBAN APLICADO AL DESARROLLO DE SOFTWARE

MANERAS DE SER ÁGIL EN TU DESARROLLO DE SOFTWARE

¿Cuál es la mejor manera de crear un producto de software de alta calidad y relevante? Algunos dicen que es el desarrollo ágil. ¿Qué es lo bueno de ello? Ahorrar dinero no es el fuerte del desarrollo ágil (a pesar de que hay maneras de hacerlo). Lo principal es la flexibilidad del proceso y el producto en sí- de vital relevancia para el mercado.

Un vistazo rápido a los principales valores del enfoque ágil te permitirá entender si se adecúa a ti y al enfoque de tu propia empresa:

• Los individuos e interacciones brindan la auto-organización y el compartimiento de ideas, y la experiencia por el bien de la calidad del producto.

• El software funcional es más importante que la documentación exhaustiva, la cual distingue más bien al modelo de cascada. No despliegas documentación- despliegas el producto. Tus usuarios no necesitan documentación- necesitan un gran producto para usar. Por otro lado, nunca subestimaríamos la importancia de cada pieza de documentación que tengas. A pesar de que el resultado funcional es de mayor prioridad, deberías invertir en documentación para hacer funcionar el software más rápido y con menos problemas en el camino.

• La colaboración del cliente se requiere para mantener los requerimientos relevantes y aclararlos en el proceso de desarrollo. Tienes que comunicarte con tu compañía de software para saber que están creando exactamente lo que quieres- Paralelamente, están seguros de que están creando el producto que quieres. La colaboración fructífera se valora más que negociar los detalles del contrato- un deber para los equipos orientados a resultados.

• Responder al cambio lo es todo en el mundo móvil. Tu producto no corre el riesgo de volverse obsoleto o incompatible con tu empresa o el ambiente móvil.

La mayoría de las compañías de software adoptan el desarrollo ágil, y aplican ciertos marcos y metodologías para hacer tu producto. Aquí hay cinco maneras populares de ser ágil.

KANBAN APLICADO EN EL DESARROLLO DE SOFTWARE

Kanban es una técnica que prioriza la entrega "justo a tiempo" del software producto, inspirado por el sistema de producción de Toyota. A pesar de que crear el software no es de ninguna manera una producción en masa como elaborar coches, hay tres mecanismos que pueden aplicarse en ambos procesos. Es una línea de ensamblaje donde las solicitudes de características (o funciones) entran y una pieza de software mejorada sale al final.

El cuello de botella de esta línea es la limitación. Si los desarrolladores son capaces de crear 4 características en un período de tiempo, y el Control de Calidad no puede probar más de 3 en el mismo período, entonces 3 es el máximo. Sin embargo, es fácil definir dónde está el cuello de botella (al limitar el trabajo en progreso), y cubrir las limitaciones al contratar o re-desplegar recursos humanos- por tanto obtienes eficiencia.

La visualización del flujo de trabajo (como un muro de tarjetas con tarjetas y columnas) permite gestionar cambios e implementarlos como se planeaba.

Programación Extrema (XP por sus siglas en inglés)

XP es una metodología de desarrollo de software, pretendiendo mejorar la calidad del software y la capacidad de respuesta ante cambios inevitables. Involucra iteraciones cortas y frecuentes con la prueba unitaria de todo el código, programación en parejas (revisión continua del código). Nada es codificado hasta que se necesita. El traspié común de este enfoque es la inestabilidad de los requerimientos y la falta de documentación general.

5 valores centrales de la programación extrema se relacionan con la metodología ágil en general: comunicación, simpleza, retroalimentación, coraje, y respeto. La comunicación puede incluir la

documentación requerida desde el inicio. La simpleza en el código lo hace comprensible para cualquier otro desarrollador; todas las características extra pueden ser dejadas para después. La retroalimentación (o feedback) es apreciada tanto por parte del equipo como de los usuarios finales.

El coraje debe ser suficiente para deshacerse del código obsoleto e irrelevante, sin importar el esfuerzo para crearlo. El respeto aplica a la experiencia e ideas de todos en el equipo.

MÉTODO DE DESARROLLO DE SISTEMAS DINÁMICOS (MDSD)

Los principios tras el MDSD son: enfocarse en las necesidades de la empresa (entregando temprano el beneficio a la empresa); el involucramiento continuo de los usuarios; mantener la calidad en un nivel alto es un deber; el control transparente y proactivo; y elaborar el producto iterativamente con comunicación continua, y entrega oportuna- el alcance del trabajo está dividido en deberes, deberías y podrías, y en "no tener que", para poder cumplir con las fechas límites.

Desarrollo Dirigido por Características (FDD por sus siglas en inglés)

El FDD es otro proceso incremental, el cual involucra 5 actividades básicas: el desarrollo del modelo general, crear una lista de características, luego planificar, diseñar, e implementar por característica.

En esencia, Kanban está construido sobre 4 principios:

•   Visualización del flujo de trabajo- permite observar el flujo y todas las etapas de un ítem en un sistema Kanban, desde la solicitud hasta la compleción. La meta principal es traer cambios positivos y optimizar el flujo de trabajo.

•   Limita la cantidad de trabajo en progreso (TEP)- ayuda a equilibrar el flujo de trabajo en cada estado, debido a que nuevos ítems son sacados cuando se llega a un límite particular de TEP. Limitar el TEP es el corazón de la metodología Kanban.

•   Enfoca, gestiona y mejora el flujo- la adherencia a los principios ayuda a seguir, analizar, optimizar y mejorar el sistema. Este proceso nunca está completo.

•   Mejora continua- la metodología Kanban requiere de constante análisis, monitoreo, y medida de productividad al llevar el rastro de la eficiencia, calidad, flujo, etc.

Las principales características distintivas de Kanban son:

•   No hay roles, como el Propietario del Producto o el Maestro de Scrum

•   Entrega continua sin sprints de duración fijada

•   Flexibilidad y capacidad de hacer cambios en cualquier etapas

La aplicación de Kanban puede traer beneficios tales como:

• Las características son entregadas más rápido, debido a los ciclos de trabajo más cortos

• Sensible al cambio- lo más adecuado para compañías donde las prioridades cambian a menudo

• Disminuye la cantidad de desperdicio y remueve aquellos eventos que no entregan valor a la organización o al equipo

ELIGE LA METODOLOGÍA ÁGIL CORRECTA

El desarrollo de software es un conjunto de tareas complejas. La involucración de muchas partes y la participación coordinada son necesarias para lograr resultados. Las metodologías ágiles explican algunas pautas y brindan múltiples marcos para facilitar el proceso de desarrollo. Dos marcos bien conocidos son Scrum y Kanban. Es importante seleccionar el marco apropiado para una gestión de proyecto efectiva. Hacer una buena elección hará que el proyecto marche más uniformemente e incrementa el compromiso de los miembros del equipo. Este capítulo explica cúal marco podría ser una elección más apropiada cando un proyecto tiene muchas dependencias externas. Ahora hablemos acerca de Kanban aplicado en el desarrollo de software.

Kanban opera usando un método "PULL". Las demandas son apiladas y la producción saca solicitudes de la demanda de acuerdo a la capacidad de producción. Esta filosofía es implementada en cada estación de producción.

Una tarjeta Kanban se usa para enviar señales de una estación a otra dentro de la línea de producción o inclusive a un proveedor externo. Una tarjeta Kanban generalmente indica la demanda. Cuando una tarjeta Kanban es recibida, eso desencadena una orden para llenar la demanda indicada en la tarjeta. Así es como Kanban representa un flujo continuo de trabajo en progreso.

¿CÓMO PUEDE APLICARSE KANBAN EN EL DESARROLLO DE SOFTWARE?

Todas las ordenes de demanda por parte del cliente pueden ser visualizadas como requerimientos/solicitudes de desarrollo de un producto de software. Ya que al backlog (o pila) para el software y al propietario del producto se les puede dar la responsabilidad de hacer una lista priorizada. Cada vez que una tarjeta Kanban es recibida, los ítems de mayor prioridad de trabajo irán a la producción. La Sistematización, Desarrollo y Prueba pueden considerarse como las tres estaciones mínimas en la línea de producción de desarrollo de software. Un ítem de trabajo está completo cuando pasa por el flujo entero. Una vez que se pase la última estación será entregable.

¿QUÉ ES LA DEPENDENCIA EXTERNA?

Se espera que los equipos de desarrollo ágil de software sean formados de manera que los equipos de desarrollo sean responsables por la entrega de valor end-to-end. Sin embargo, un proyecto ágil podría consistir de múltiples equipos de desarrollo. Este articulo a una dependencia como una dependencia externa cuando una tarea no puede ser manejada por los equipos de desarrollo involucrados en ese proyecto. Las dependencias dentro de diferentes equipos en un proyecto son abordadas como una dependencia interna.

LA CORRELACIÓN ENTRE DEPENDENCIAS EXTERNAS Y ENTRE SCRUM Y KANBAN

Cuando un equipo de desarrollo de Scrum no puede finalizar una tarea dentro del sprint, esa tarea debe regresar al backlog (o pila) del producto y se re-priorizada, de modo que pueda ser desarrollada en el futuro.

Una de las muchas filosofías del equipo de Scrum es hacer un compromiso en cada sprint de completar todas las tareas y hacerlas entregables.

Idealmente, el equipo no debería hacer nada más de lo que se han comprometido a hacer. Otro aspecto clave es que en Scrum hay una estimación del futuro.

Kanban, por otro lado, acepta producir y/o suministrar en base a una señal de demanda por medio de una tarjeta Kanban. Kanban no requiere la estimación en el futuro.

LOS PROYECTOS ESTÁN CORRIENDO CON KANBAN

La gestión ágil de proyectos consiste en entregar el valor correcto rápido. Elegir la metodología correcta puede ser el único factor entre la falla y el éxito. Kanban es más adecuado cuando las tareas del proyecto son desencadenadas principalmente por eventos, por ejemplo, integración, y el soporte de desarrollo para productos ya lanzados.

CAPÍTULO 6

USANDO ÁGIL (KANBAN) PARA DESARROLLAR MEJOR SOFTWARE Y REDUCIR LOS RIESGOS

Imagina un proyecto de desarrollo de software empresarial donde el cliente dice, "Vamos a tomarnos un largo tiempo para hacer esto y no esperamos ver ningún resultado por al menos dos años." ¿Puedes imaginarlo? Yo tampoco, y la verdad es que probablemente nunca sucederá :) ¿Entonces cuál es la realidad? en el mundo real del desarrollo de software empresarial, la clave para cualquier equipo de desarrollo es brindar el valor máximo y trabajar cercanamente con el cliente, ser capaz de crear una cultura de verdadera ingenuidad, y ser capaz de satisfacer las necesidades cambiantes del cliente de manera que haya disrupción mínima, si la hay.

En los primeros días del desarrollo de software, no era poco común que los meses pasaran antes de que algún desarrollo empezara, y una vez que el desarrollo empezara, podrían pasar meses o años antes de que cualquier tipo de producto terminado estuviese listo para probarse. La definición de requerimientos y el proceso de colecta a menudo era muy largo, y en muchos casos, el equipo de desarrollo estaba aislado del cliente.

Una vez que los requerimientos eran completados y el desarrollo hubiese empezado, el cambio no era algo fácilmente recibido. Tengamos en mente que los conceptos tales como Integración Continua y la Gestión de Configuración eran desconocidos y el uso de repositorios de control de fuentes no era tan dominante como ahora. Un cambio en los requerimientos era bastante difícil de acomodar y generalmente se le ponía mala cara.

LA METODOLOGÍA ÁGIL

Cuando discutimos las Metodologías Ágiles, también debemos mencionar a Scrum, el Desarrollo Esbelto de Software Kanban, el Método de Desarrollo de Sistemas Dinámicos (MDSD), y la Programación Extrema, puesto que todas estas metodologías comparten la misma filosofía.

En resumen, la metodología ágil trata acerca de la comunicación, el trabajo en equipo, la colaboración, adaptabilidad, iteración, retroalimentación (o feedback) y por supuesto, ¡Agilidad! El la iniciativa de desarrollo es descompuesta en esfuerzos de corta duración y el cambio no sólo se espera, sino que es aceptado por todas las partes interesadas. Para implementar exitosamente la metodología ágil, una organización debe aceptar sus conceptos y filosofías en todos los niveles.

La metodología Ágil brinda un marco con el cual los equipos pueden mantener el enfoque en entregar rápidamente software funcional y brindar verdadero valor de negocios, inclusive en ambientes dónde los bienes técnicos y funcionales y el paisaje pueden variar o cambiar rutinariamente. Podemos decir que la metodología ágil permite a los equipos de desarrollo brindar el máximo valor de negocios a través de la entrega de software verdaderamente valioso y funcional que satisfaga las necesidades de la empresa. ¿Cómo sabemos que el software realmente satisface las necesidades de la empresa? Debido a que todas las partes están involucradas y la verificación de calidad y del alcance tienen lugar en ciclos cortos e iterativos. Las desviaciones del verdadero propósito de una característica o pieza de funcionalidad pueden ser identificadas rápidamente y corregidas de una manera ágil.

Si volvemos al manifiesto Ágil, hay 4 puntos clave que resalta.

Favorece:

- A los individuos e interacciones sobre los procesos y herramientas

- Al software funcional sobre la documentación exhaustiva

- La colaboración del cliente sobre la negociación del contrato

- Responder al cambio antes que seguir un plan

Los principios clave tras estos puntos se resaltan a continuación (léelos cuidadosamente):

- Satisfacer al cliente por medio de la entrega temprana y continua de software funcional

- El cambio es bienvenido, inclusive en el proceso de desarrollo tardío.

- El software funcional es entregado frecuentemente, típicamente en intervalos de dos semanas a dos meses

- Los desarrolladores trabajan directamente con personal funcional/ SMEs en una base diaria

- Los proyectos son realizados en torno a personas capaces y motivadas, y se les da un ambiente que les permita tener éxito

- La comunicación cara a cara es crítica

- La medida primaria del progreso es el software funcional

- El ritmo de desarrollo debe ser sostenible

- La atención continua a la excelencia técnica y el buen diseño mejora la agilidad

- La simpleza es esencial

- Las mejores arquitecturas y diseños emergen de equipos efectivos y auto-organizados

- El equipo se refiere rutinariamente el desempeño pasado y busca maneras de hacer las cosas mejor

Si la metodología ágil es implementada apropiadamente, con la participación de las partes interesadas en todos los niveles de la organización, la productividad y la ventaja competitiva son maximizadas y el costo es minimizado. Por supuesto, la metodología Ágil no consiste necesariamente en reducir los costos, pero cuando se implementa y gestiona apropiadamente, ese es un efecto secundario que es bastante bueno.

Discutamos los puntos clave anteriores en mayor detalle.

1.   Favorecer a los individuos e interacciones sobre los procesos y herramientas

Los procesos y herramientas más grandes en el mundo no valen sin las personas correctas interactuando y comunicando efectivamente. Sin importar el tamaño o madurez de la organización, deberíamos empezar con las personas, luego decidir los procesos y herramientas apropiadas para hacer nuestro desarrollo Ágil más efectivo.

2.   Favorecer el software funcional sobre la documentación extensiva

En los días del desarrollo en cascada, ¡puedo recordar las etapas tardías de proyectos más grandes siendo consumidas con la creación de montones de documentación! Recuerdo trabajar con equipos de escritores técnicos mientras producían documentación tanto técnica como funcional de para software entregable. Con la metodología Ágil, cualquier documentación que es creada usualmente es creada mientras el desarrollo toma lugar.

El enfoque de desarrollo/lanzamiento rápido facilita la concurrencia entre desarrolladores, analistas de negocios, y escritores, en un ambiente Ágil, los analistas de negocios a menudo producen la documentación.

Sin importar el uso de Ágil o no, es raro que un cliente no requiera algún tipo de documentación y no hay nada malo con eso. Pero, en una organización que está verdaderamente Orientada hacía Ágil, el software funcional siempre es el entregable primario y central.

3. Favorecer la colaboración del cliente sobre la negociación del contrato

Enfrentémoslo- siempre que el equipo de desarrollo brinde servicios para los clientes, siempre habrán obligaciones contractuales. Pero cuando usamos el término "negociación del contrato" ¡implicamos a nuestra mentalidad versus su mentalidad y esto va en detrimento del proceso Ágil! Para que el proceso ágil sea efectivo, necesitamos vehículos contractuales que sean flexibles y que sean desarrollados y escritos para manejar efectivamente el cambio.

No es poco común trabajar con un cliente por medio de un contrato de Precio Firme Fijado (PFF). Desde la perspectiva del cliente, el PFF es preferible porque transfiere los riesgos al proveedor de servicios. En este caso, la metodología ágil aún es una metodología de desarrollo válida SI el cliente entiende y verdaderamente adopta los conceptos Ágiles. La dificultad a veces entra en juego cuando el cliente insiste en definir la funcionalidad frontal (up-front), fuerza al proveedor de servicio a firmar un contrato cuyos estimados se basan en estos requerimientos iniciales, y luego intenta introducir el alcance mientras el proyecto progresa. A veces me refiero a esto como " ágil bajo una cascada", pero aun así, la metodología ágil es buena para tal esfuerzo. Obviamente un contrato PFF no es el vehículo preferido bajo el cual ejecutar la metodología Ágil, pero es lograble si todas las partes interesadas están bien versadas y aceptan los conceptos Ágiles.

4. Favorecer la respuesta al cambio antes que seguir un plan

A pesar de que los planes de proyecto detallados y los vistosos Gráficos de Gantt son impresionantes, no son útiles con la metodología Ágil. ¡Lo leíste bien! Ágil se basa en programas de lanzamiento donde la funcionalidad prescrita puede ser definida, pero se entiende que puede cambiar. El progreso del proyecto dentro de Ágil se basa en quemados.

Sin importar la funcionalidad real entregada, el progreso aún se hace a lo largo del tiempo. El estimado total puede cambiar debido a los requerimientos recientemente identificados o cambios en el alcance por parte del cliente.

AGILE ÁGIL Y LA GESTIÓN DE RIESGOS

Antes del surgimiento de Ágil, un gran número de proyectos de desarrollo de software fallaron o fueron cancelados con poca o ninguna funcionalidad en su lugar. Los equipos a menudo pasaban meses o años trabajando en un proyecto sin nada tangible para demostrar sus esfuerzos. ¡En muchos casos, los proyectos eran desarrollados y entregados sólo para encontrar que no satisfacían las verdaderas necesidades de la empresa! Imagina que luego de meses o años de trabajo y posiblemente millones de dólares de inversión, ¡descubres que tus necesidades no han sido satisfechas siquiera!

Desde el punto de vista del Instituto de Gestión de Proyectos (PMI por sus siglas en inglés), la Gestión de Riesgos es un área de conocimiento clave y algo que está bastante alto en la lista de prioridad de la lista del Gestor del Proyecto. Todos los gestores de proyectos deberían entender el riesgo. Es simplemente una dinámica inherente dentro de cualquier proyecto, y una que tiene que ser entendida, y bien evitada o mitigada. Entonces, ¿Qué es un riesgo? Por su definición formal, el riesgo es algo que puede o podría ocurrir y que podría causar resultados inesperados o no anticipados. Los gestores de proyectos saben que el riesgo no siempre es algo negativo. Las oportunidades también son riesgos. Pero el riesgo es algo que, positivo o negativo, tiene que ser identificado, cuantificado, y gestionado. La situación, el ambiente, el proyecto, las personas, etc, determinan cuándo, dónde y cómo se gestionan los riesgos.

La metodología ágil reduce los riegos por medio del involucramiento de las partes interesadas y el desarrollo y entrega rápidos e iterativos. Esto significa que la evaluación de la verificación del alcance toma lugar rutinariamente, lo cual efectivamente reduce los riesgos.

AMENAZAS ORGANIZACIONALES PARA ÁGIL

¡La mayor amenaza para la metodología ágil es la gestión! Más específicamente, la gestión funcional con expectativas irreales. En algunas organizaciones, Ágil no es nada más que una palabra de moda debido a que las partes interesadas no han sido educadas en sus conceptos fundamentales.

Anteriormente en esta publicación, mencioné la necesidad de que Ágil fuese entendido y aceptado por cada parte interesada, de arriba abajo. Sin este entendimiento y apoyo, es probable que falle o que al menos deje a los gestores con un mal sabor de boca debido al hecho de que el Gestor del Desarrollo del Proyecto les dice, "Ciertamente podemos modificar nuestro enfoque y darte la funcionalidad X, pero el requerimiento W va a tener que ser retirado para una iteración futura." En el caso del PFF, ¡ el requerimiento W podría simplemente tener que ser retirado totalmente!

Con Ágil, el cambio es bienvenido, inclusive en etapas tardías del proceso, pero en el caso del PFF es posible que ciertos cambios puedan afectar significativamente al proyecto y la fecha de finalización y, por ende, necesitar la extensión del contrato.

Entonces, Ágil es una metodología de desarrollo de software que abriga la entrega rápida de software valioso y funcional de una manera iterativa. Valora a las personas y la comunicación sobre los procesos y herramientas. Prefiere el software funcional antes que la documentación general. Favorece el involucramiento activo y dinámico del cliente y al identificación apropiada y efectiva de las verdaderas necesidades de la empresa antes que la negociación del contrato. Defiende la habilidad de responder rápidamente al cambio, inclusive en etapas tardías del proceso de desarrollo antes que seguir un plan detallado y predefinido.

Se puede discutir si niega o no la necesidad de realizar la gestión de riesgos, pero es seguro decir que con el involucramiento constante y activo del cliente y de equipos de desarrollo auto-organizados, competentes y productivos con verdadera dedicación a la misión del cliente y una comprensión clara de las necesidades del cliente, puede ser enormemente exitoso y un escenario de ganar-ganar tanto para el cliente como para el equipo de desarrollo.

CAPÍTULO 7

KANBAN VS PAR: ¿CÓMO GESTIONAR EL USO VARIABLE?

El sistema Kanban es el método de reposición de material usado por las compañías líderes de manufactura alrededor del mundo, incluyendo la Compañía de Toyota Motor. Es similar al método de Nivel Par en el que se calcula un nivel objetivo de material, en base al uso promedio y a una cierta cantidad de días de uso. En este sentido, los métodos son virtualmente idénticos. La diferencia está en el método para reponer ítems que han sido usados. En lugar de buscar físicamente y contar todos los días, el método Kanban configura una señal (el significado literal de la palabra Kanban) para la reposición que elimina totalmente la necesidad de contar o calcular las cantidades de inventario. Esto se hace en una variedad de maneras, siendo la más común dividir la cantidad de ítems en dos, y una señal para reposición cuando la primera cantidad ha sido usada.

1. El Método de Nivel Par. Un manipulador de suministros visitará un área de almacenamiento de suministros diariamente, con una tabla de clip y un dispositivo de mano, y calcula el nivel de almacenamiento actual de cada ítem. Los ítems tienen que ser "llevados a par", y estos ítems serán repuestos en un viaje subsecuente,

usualmente más tarde el mismo día. Si duarnte el día un ítem es consumido a una tasa mayor de la planeada, tal que el suministro entero es consumido en un día, el balance del ítem se irá a cero, o alguien tendrá que notificar al departamento de materiales y una entrega expedita tendrá que hacerse. La intención es que esto suceda con poca frecuencia y que un chequeo diario sea suficiente para cubrir la variabilidad de uso.

2. El método Kanban. Bajo un sistema Kanban, el manipulador de suministros n cuenta o evalúa cantidades de ítems para nada. Como la cantidad de suministro inicial es consumida y agotada (la "cantidad primaria"), el enfermero o técnico creará una señal al colocar una tarjeta de re-orden en una caja de colección, levantando un indicador mecánico, colocando el contenedor vacío en un lugar de colección, o publicando algún otro tipo de señal simple.

El manipulador de suministros simplemente responde a la señal y rellena una cantidad estándar cada vez. Mientras que el suministro está siendo rellenado, los enfermeros y técnicos estarán consumiendo la segunda cantidad del ítem. No se desperdicia tiempo midiendo a ojo o contando los suministros, y una vez que un ciclo de reposición es fijado, no hay necesidad de un viaje separado al área de almacenamiento para evaluar lo que se necesita. Las tarjetas Kanban o papeleras pueden ser recogidas como parte del viaje de reposición de rutina, o lo que se llama "transporte rutinario sin complicaciones" o "milk run" en inglés.

Si los suministros son usados más rápidamente de lo planeado, debido a una emergencia temporal o a alguna otra razón, tendrán que ser repuestos más rápidamente de lo planeado, como con el Método de Nivel Par. La diferencia es esta: bajo un sistema Kanban fijarás un ciclo de reposición de rutina (el transporte rutinario) que será más frecuente que el ciclo de Nivel Par. Mientras que la frecuencia de Nivel Par es típicamente de un ciclo por turno o un ciclo por día, el sistema Kanban planeará entregar dos veces por turno, o inclusive más frecuentemente. Esto se vuelve posible sin añadir a la plantilla de tu manipulador de suministros debido a que no se requiere ningún conteo. El ciclo de transporte rutinario involucra recoger las tarjetas Kanban (o ni siquiera eso si el sistema Kanban es automatizado), recoger las cantidades estándar de un "supermercado" o Almacenes Centrales, y entregar estas cantidades de Kanban completas para las ubicaciones de almacenamiento correctas. Este proceso es muchas veces más eficiente que el proceso típico de Nivel Par y permitirá a un manipulador de suministros doblar o triplicar el número de viajes de reposición que son capaces de completar.

¿Cómo ayuda esto a responder a la demanda variable? Vamos a explicarlo. Si el ciclo de transporte rutinario es de cuatro horas, y haces tres transportes durante por día y la cantidad Kanban representa un suministro de dos días en base al uso promedio, el uso real tendría que exceder el promedio por 600% antes de que necesitásemos estar preocupados de quedarnos sin nada completamente. Mientras que el método de transporte rutinario no garantizará que nunca te quedes sin un suministro, las probabilidades de hacerlo son remotas. La mano de obra para apoyar este sistema podría ser menos de la que tienes hoy puesto que no estás haciendo viajes de conteo, nada de conteos, y nada de recoger cantidades variables.

Volvamos a esto, de modo que estés 100% claro acerca del ejemplo anterior. Si consumes un suministro dado a una tasa de dos días en promedio, recibirás una señal para rellenar una cantidad Kanban cada dos días o veinticuatro horas hábiles. Si consumes el suministro al doble de la tasa planeada, recibirás una señal luego de sólo un día, o doce horas hábiles. Si consumes el suministro a una tasa cuatro veces mayor que el promedio de uso, recibirás una señal de reposición en seis horas. Finalmente, si consumes el suministro a seis veces la tasa normal, recibirás una señal de reposición en cuatro horas, igual a tu ciclo de reposición. Tu manipulador de suministros y de ciclo transporte rutinario debería ser capaz de manejar eso sin agilizar o agotar los suministros.

Por supuesto, en este ejemplo, si consumes más rápido que el 600% de tu tasa de consumo promedio, corres el riesgo de agotar los suministros. Kanban no es mágico.

El ganador de esta comparación entre Nivel par versus Kanban en el problema de la capacidad de respuesta al uso variable es Kanban. Como hemos visto, la calve para la capacidad de respuesta al cambio es un ciclo de reposición corto, y el sistema de Nivel Par es muy laborioso para permitir una alta cantidad de ciclos de reposición sin llevar tu presupuesto de gestión de materiales hasta el techo. Kanban, por otro lado, no requiere conteo, estandariza las cantidades de reposición, elimina la práctica bastante indeseable de "contar al ojo" las cantidades de suministro y permite un mayor número de ciclos de reposición sin elevar los costos del manejo de materiales.

CAPÍTULO 8

VENTAJAS DEL MÉTODO KANBAN SOBRE EL SISTEMA DE NIVEL PAR EN EL SISTEMA DE SALUD

El método de elección al elaborar objetos comúnmente usados se llama Kanban. En un sistema Kanban, como con el método de nivel par, fijamos una gran cantidad que queramos mantener. La diferencia principal es que en lugar de intentar llevar las cantidades "a la par" diariamente, en un sistema Kanban, fijamos una cantidad que usaremos para activar la reposición del inventario. En un sistema Kanban "de dos papeleras", por ejemplo, fijamos dos cantidades o papeleras para el mismo suministro, y sólo rellenaremos una papelera cuando esté vacía. Mientras que la papelera está siendo rellenada, tenemos una segunda papelera cubrir el uso durante el ciclo de reposición.

El método Kanban tiene siete ventajas principales sobre un sistema de Nivel Par:

1. No se requiere ningún conteo diario. Esperamos que una papelera quede vaciada y siempre reemplazamos la misma cantidad. No tener que contar puede ahorrar cientos de miles de horas por año en la mayoría de los hospitales.

2.   Reduce la cantidad de viajes de reposición. Puesto que no reponemos una papelera Kanban diariamente, sino que esperamos a que esté vacía, la cantidad de viajes de reposición puede reducirse significativamente. La cantidad de ciclos de reposición puede recortarse hasta un 50% o más.

3.   Las cantidades re reposición son fijadas. El proceso de reposición es altamente simplificado al eliminar la necesidad de contar, requerida por el sistema par. Si sabemos de antemano lo que será la cantidad de reposición, el ítem puede ser almacenado en esa cantidad.

4.   Es más fácil de gestionar y mejorar. Al rastrear el tiempo entre la reposición, las cantidades de almacenamiento pueden ser refinadas y ajustadas más fácilmente a lo largo del tiempo. Esta mejora continua es más difícil de lograr si todas las cantidades son repuestas diariamente, en cantidades variables.

5.   Kanban reduce el inventario. La experiencia prueba que, con la misma cobertura objetivo de suministros, un sistema Kanban correrá con hasta 50% menos inventario que un sistema par.

6.   Es más fácil mantener la disciplina de reposición. Puesto que no tienen que contar todas las ubicaciones de inventario o contar al ojo las papeleras vacías, los manipuladores de suministros encuentran más fácil identificar y reponer las papeleras vacías, reduciendo sustancialmente las oportunidades de carencia.

7.　　Kanban promueve buenas prácticas de gestión de inventario, mientras que el nivel par no. De hecho, contar todo es esencialmente imposible y muy laborioso, y la mayoría de los usuarios de nivel par simplemente "miden al ojo" las papeleras sin contar. Organización y limpieza, "5S" en términos Esbeltos, es mucho más fácil de mantener.

Por todas estas razones, Kanban es el método de elección para la gestión de material de hospital, para mucho del material que es procurado y gestionado. Las ganancias en productividad, carencias reducidas y el inventario reducido representan una oportunidad multimillonaria para la industria.

CAPÍTULO 9

IMPLEMENTANDO KANBAN

GESTIONANDO SUMINISTROS DE HOSPITAL CON LA SOLUCIÓN KANBAN

Los cuartos de suministros en hospitales están llenos con las necesidades básicas: almohadillas, agujas, curitas, guantes de látex, catéteres, algunas veces incluso con más de 300 ítems por cuarto. Los suministros normalmente son colocados en papeleras de acuerdo al sistema de código de color. Diferentes tipos de suministros son agrupados y colocados de acuerdo a su tipo de color- por ejemplo, todos los ítems relacionados con los guantes en papeleras rojas, o ítems relacionados con las agujas en papeleras azules, etc. De este modo, una enfermera que entre al cuarto de suministros y busque agarrar un objeto rápidamente identificará el color del grupo y lo buscará.

Las papeleras normalmente son llenadas de acuerdo a la metodología de "Nivel Par". Esta metodología involucra mucha "conjeturación" y medida al ojo. En específico, el gestor de materiales o dependiente responsable de gestionar las cantidades medirá las papeleras a ojo, buscando ver si están aproximadamente al nivel que deberían estar o " a la par" del nivel predeterminado.

Este sistema de aproximación y medida al ojo es altamente impreciso, llevando a menudo a varios retos. Estos retos incluyen:

1. Objetos perdidos, no siendo extraviados en un base regular

2. Muchos recursos humanos, contar, colocar los ítems, etc.

3. Exceso de existencias en un espacio limitado

4. Costos altos

5. Reportes precisos insuficientes

Durante varios años, la metodología Kanban ha empezado a ser el método de gestión de material preferido. Junto con la solución RFID, más y más hospitales encuentran que pueden superar la lista entera de retos mencionados.

¿CÓMO PUEDE, Y YA LO HACE, FUNCIONAR EN CUARTOS DE SUMINISTRO DE HOSPITALES?

Cada suministro es colocado en dos papeleras lado a lado. Una es la papelera primaria, la otra es la secundaria. Un vez que la papelera primaria está vacía, los enfermeros toman los suministros de la papelera secundaria y el dependiente de materiales rellena la papelera primaria de nuevo.

Para mejorar el sistema, podemos añadir tecnología RFID- y ahora rastrear cuando la papelera primaria esté vacía y necesite reposición, cuál ítem es, cuánto tiene que ser reordenado o facturado. La información es colectada dentro de un software de servidor en la nube para una gestión más sencilla. El sistema alerta y reporta qué necesita volverse a ordenar, qué cantidades son, qué tiene que ser facturado, etc.

Las ayudas eliminan completamente la necesidad de contar suministros, gastar dinero en cantidades de stock innecesaria, desperdiciar el tiempo de los enfermeros, o empelar más personal mara gestionar los suministros. Los hospitales pueden ahorrar cientos de miles cuando se despliega un sistema Kanban de 2 papeleras con RFID.

VENTAJAS DE IMPLEMENTAR KANBAN PARA LA CONTABILIDAD DEL DÍA A DÍA DE TU EMPRESA

La mayoría de las firmas contables funcionan de una manera simple- ofrecen una variedad de servicios financieros que son completados por personal calificado de contadores y los clientes son facturados en base al trabajo hecho para ellos. Los contadores son responsables por contabilidades específicas y completan su trabajo. Ten en mente que una firma contable promedio puede tener cientos de clientes y hasta cientos de contadores para hacer el trabajo. Por lo tanto, es seguro decir que las operaciones del día a día pueden volverse bastante confusas.

Para refrescar tu memoria; Kanban es un método de gestión de proyecto enfocado en la entrega justo a tiempo. Kanban visualiza el proceso de trabajo en un tablero y establece algunas pocas reglas para mantener al equipo en el camino.

IMPLEMENTANDO KANBAN

1. Llevar rastro del trabajo que ha sido completado y que aún queda por ser hecho. Con una gran cantidad de clientes, las firmas contables se pierden en quién está haciendo qué. Los contadores tienen la responsabilidad principal de servir a sus clientes, sin embargo, hay poco o ningún gasto general para supervisar el proceso. Mientras que el trabajo sea completado y no haya problema con eso, no hay un proceso claro para que la gerencia ignore y haga una futura prognosis. Simplemente mantener el rastro de la cantidad de trabajo siendo completado en la firma en un momento determinado es una gran tarea.

El enfoque Kanban resuelve esto inmediatamente- introduciendo el tablero de Kanban. Una de las principales herramientas de Kanban es el tablero donde todas las tareas de todos los proyectos sin visualizadas. El tablero podría ser establecido por la firma entera o dividido en partes en base a los proyectos o departamentos, de cualquier manera; es un lugar dónde cualquier miembro del equipo o representante de la gerencia puede ver rápidamente la situación general de la firma. No sólo resuelve el problema de rastrear el trabajo, sino que también puede usarse como una gran herramienta analítica, prediciendo la posesión futura, el ingreso y las capacidades de los equipos.

2. Distribuir el trabajo entre los contadores equitativamente es otro gran problema. Tradicionalmente, lo que las firmas contables han hecho es asignar ciertos clientes a cada contador y hacer que completen todo el trabajo relacionado con ellos. Este parece un enfoque lógico, pero en realidad, los clientes usualmente son bastante diferentes en el tamaño de su compañía y sus solicitudes. Mientras la firma intenta distribuir a los clientes, lo que a menudo sucede es que algunos contadores están siendo sobrecargados y otros están disfrutando de más tiempo de relajación.

Con el enfoque Kanban, todo el trabajo a realizar es mantenido en la sección de la pila en el tablero. Puede ser priorizado o simplemente compilado allí en base a la fecha de solicitud. Cuando un contador termina con su tarea previa, simplemente echa un vistazo a la pila (backlog) y toma la siguiente tarea de mayor prioridad que encaja con su competencia. Las tareas no son clasificadas por clientes o contadores y en su lugar, son completadas en base a la mayor prioridad de toda la firma.

Si la firma es bastante grande, los contadores pueden ser divididos en un par de grupos para tener pilas separadas o contadores en jefe que puedan ser asignados para distribuir las tareas a sus equipos. De esta manera, Kanban trae camaradería al proceso de trabajo y asegura que todos los miembros del equipo estén igualmente ocupados en todos los momentos.

3. Rastrear los recursos gastados en cada cliente. Otro problema enfrentado por las compañías contables es la facturación de los clientes. La mayoría de las compañías facturan a sus clientes a una tasa diaria o por horas, pero con un proceso confuso presente, es difícil calcular el uso de recursos de manera precisa. En cuyo caso el cliente es sobre o infra facturado lo cual no es ideal para ninguna parte.

Al aplicar Kanban, las compañías contables ganan acceso a un mayor poder analítico, permitiéndoles resolver este problema completamente. Tener un proceso claro hace que el registro de tiempo dentro de la compañía sea más sencillo y más preciso. A pesar de que las herramientas de registro del tiempo están disponibles para los equipos, pueden usar las analíticas de los diagramas del ciclo de tiempo y de cumplimiento y brindar reportes claros para sus clientes, explicando cómo fueron facturados. También, al tener diferentes contadores completando las mismas tareas, la firma puede analizar y localizarlos para obtener lo mejor de sus habilidades, en lugar de atarlos a clientes específicos.

Mientras que las firmas contables no verían mucho beneficio de aplicar scrum, Kanban trae claridad a su proceso. Kanban ofrece una estructura- el tablero y un enfoque de gestión blanda- los contadores escogen sus tareas ellos mismos, lo cual trata con los tres problemas principales que la gestión tradicional conlleva.

CAPÍTULO 10

IMPLEMENTAR TABLEROS DIGITALES DE KANBAN PUEDE AYUDAR AL PROCESO DE PRODUCCIÓN

En un momento en el que los procesos de producción y sistemas de gestión pretenden reducir los costos de producción, estamos saliendo con tecnologías nuevas e innovadores que justamente hacen eso. Un tablero digital de Kanban puede ayudar a los fabricantes, minoristas y cualquier otro sector del mundo empresarial que tenga proyectos, procesos, y ciclos de producción, a seguir el rastro de su producción y a reducir sus costos mientras lo hacen.

Las compañías aún usan este sistema de manufactura Esbelta y la metodología Kanban hoy en día. Sin embargo, con niveles de producción mucho más altos de lo que estaban a mitad de siglo, estamos teniendo problemas para saber exactamente dónde estamos en el proceso de producción. Es difícil tener a una persona que salga y cuente los niveles de inventario, y los sistemas ERP actuales no están configurados para crear presentaciones visuales de cuando necesitamos más inventario o tenemos que detener la producción. Aquí es dónde los sistemas digitales de Kanban visual entran en juego.

Estos sistemas digitales funcionan por medio de plataformas en línea que permiten que todo el que necesite información sea capaz de encontrarla. Los tableros son montados para mostrar exactamente dónde está la producción y el proceso. Presentaciones únicas, símbolos, y gráficos pueden añadirse para crear un entendimiento más profundo por una cantidad diferente de usuarios, y las compañías pueden cambiar los tableros para que se adecuen a su producción y dicción. Esto asegura que el sistema funcione como se pretende para cada compañía individual.

Con estos sistemas, todo puede ser personalizado para adecuarse a tus necesidades. Incluso cosas pequeñas tales como los colores de fondo y los colores de las tarjetas pueden cambiarse. Esto va junto con la meta de hacer que la información en el tablero no sólo sea útil, sino que también sea visualmente placentera para aquellos que la ven. Cuando estos sistemas son visualmente placenteros, hace que leerlos sea mucho más fácil, y la gerencia aplaudirá la facilidad con que los reportes traen el trabajo.

Por medio del uso de plataformas en línea, tableros de Kanban digital, y la habilidad de personalizar todo, esta nueva ola de tecnología de procesos de manufactura digital hace que el proceso entero no sólo sea más fácil, sino también visualmente placentero.

CAPÍTULO 11

CREANDO TU PROPIO TABLERO DE KANBAN ONLINE

La gestión de la cadena de suministros y la gestión de producción han sido un área de pivote de las empresas desde que las empresas fueron creadas por primera vez. Esta es un área en la cual el ahorro de costos puede ser obtenido más fácilmente, aunque a menudo hay ineficiencias en el sistema que hacen esto difícil para los gerentes de cadena de suministros. Los niveles de inventario a menudo son difíciles de mantener o se mantienen bajos, y a veces, hay mucha demanda en el mercado. Afortunadamente, hay muchos programas nuevos que ofrecen un tablero de Kanban online que ayuda a mantener la producción y el inventario bajo control.

Un tablero online es útil, particularmente porque se ubica en línea. Significa que los gerentes y empleados pueden ver este tablero sin importar dónde se encuentren en el planeta. Cuando se trata de equipos de gestión de proyectos, algunos de los cuales pueden operar en el campo lejos de la oficina central, la accesibilidad es clave. Esto vuelve a la plataforma online esencial para el éxito del programa.

Así como también estando online, estos tableros pueden estar enlazados directamente a los sistemas de gestión existentes de una compañía, tales como el recurso de empresa ERM y sistemas ERP.

Esto crea un flujo continuo de datos que creará un reporte de inventario en tiempo real y de producción, haciéndolo mucho más útil que los reportes que son creados una semana después de que el inventario ya ha llegado a su punto alto, por ejemplo.

Además, estos programas son completamente personalizables para el usuario. Esto significa que eres capaz de ir por las diferentes páginas del programa y el tablero Kanban y cambiar las cabeceras, títulos, y etapas de producción hasta los nombres usados por tu compañía. También significa que serás capaz de buscar y cambiar los gráficos que son usados por el programa para el incremento ulterior del entendimiento y la alfabetización del programa a través de la corporación. Incluso los esquemas de color y fuentes pueden cambiarse.

Con la combinación de la plataforma online, las habilidades de enlace, y la comprensibilidad incrementada por medio del uso de la personalización extrema, el sistema de tablero online de Kanban puede ser extremadamente útil para compañías de cualquier tamaño.

CONCLUSIÓN

Kanban es un sistema que es esencial para la manufactura Esbelta. Fue usado por primera vez por los ensambladores de coches y Japón, y ha sido la pieza central de la gestión de cadena de suministros en compañías en todos los países desde ese entonces. Kanban es el proceso de crear varias listas y balances para el inventario, tales como los niveles máximo y mínimo delante del tiempo que actuarán como eventos detonantes. Cuando la cantidad máxima es alcanzada, la producción cesará hasta que otro detonante sea tocado. Cuando el detonante de punto mínimo es activado, la producción es iniciada de nuevo. Esto asegura que los niveles de inventario estén en el "punto ideal" tanto para proteger contra los inventarios vacíos como también para evitar que los costos de inventario aumenten excesivamente. En el tablero, se mostrarán los niveles de producción actual, dónde estás en el proceso de producción y cuán bien van tus niveles de inventario.

Kanban promete mucho menos que el enfoque más riguroso y disciplinado de Scrum o Scrum y Programación Extrema (XP por sus siglas en inglés) trabajando juntos, Kanban se ha vuelto bastante popular debido a su facilidad de implementación y la falta de disrupción organizacional.

Aquellos que están a favor de Kanban ven a Lean estando al mismo nivel de Ágil y ven a Kanban como una implementación del sistema Lean (Esbelto) al igual que Scrum es una implementación del movimiento de desarrollo ágil de software. Y luego están aquellos que están del otro lado de la ecuación y ven la habilidad de los equipos de adoptar las prácticas y procedimientos de Kanban sin tener que implementar los sistemas de valor de agilidad a medida que se descartan del movimiento Ágil.

Kanban es un componente central del movimiento de la manufactura esbelta, hecho muy popular por unos pocos gerentes brillantes en Toyota. El padre de este pensamiento revolucionario de gestión en Toyota fue Taiichi Ohno. Su trabajo en los sistemas de pensamiento fue llamado Sistema de Producción de Toyota y luego renombrado como Manufactura Esbelta.

www.ingramcontent.com/pod-product-compliance
Lightning Source LLC
Chambersburg PA
CBHW071421220526
45469CB00004B/1374